쇠신을 신고 뛰어보자 폴짝-

코로나 한발 앞, 10대들의 상하이 여행기

쇠신을 신고 띄어보자 폴짝
초판발행 | 2021년 05월 05일
저자 | 탈렌탭, 지선애, 김복음, 송주연, 민시우, 송형진, 신범진, 이시호, 김수림, 신유주
발행인 | 박찬우
편집인 | 우 현
펴낸곳 | 파랑새미디어

등록번호 | 제313-2006-000085호
서울특별시 마포구 서교동 357-1 서교프라자 318
전화 | 02-333-8311
팩스 | 02-333-8326
메일 | adam3838@naver.com

가격 : 14,800원
ISBN : 979-11-5721-149-4 43910

쇠신을
신고
뛰어보자
폴짝

탈렌탭, 지선애, 김복음, 송주연, 민시우, 송형진, 신범진, 이시호, 김수림, 신유주 지음

CONTENT

제1화 생각만 해봤던 이야기들

'대한민국을 알리는 청소년 탭댄스팀 <탈렌탭>'

저희는
모두
탭댄서 입니다.

한국에서만 있으니까
아직은 세상이
대한민국밖에 없다고
생각하게 되더라고요.

그래서
우리들의 선생님은 결심하셨죠.
'외국으로 가보자!'

그렇게 시작되었습니다.
세상에서 가장 큰 대륙 '중국'으로의 여행.
그저 외국여행이라고만 생각한 저희들은 몰랐습니다...
서내쌤을... 정말 몰랐습니다...

저희들은 그저
<생각만 해봤던 이야기들> 이었는데 말이죠...

제2화 각 잡고 준비하는 과정

서내쌤 (1998~)

<주요대사>

" 그지 깽깽이"

"편한 여행은 부모님이랑 가~

"나랑은 공부하고 배우고 경험해야지"

서내쌤 曰

여행지를 고르기 전 탈렌탭 에서는 '일본' 여행을 다녀온 경험이 있었습니다
그래서 이번에도 일본을 갈까?
했는데... 했는데!!!
일본과의 관계가 악화되어 불매운동을 하기 시작했습니다.
그래서 그때부터 시작되었죠... 제 가슴을 뛰게 하는... '근심걱정'

(지난오사카 여행사진들을 보니 유니버설스튜디오도 가고, 대관람차도 타고 아주 즐거운 시간이었다.)

일본 다음으로 갈 수 있는 곳은 중국이었습니다.
왜냐? 미국은 너무 비싸고 중국은 역사공부도 되면서
대륙의 스케일을 느낄 수 있었으니까요.
그래서 중국으로 결정했죠!

그 다음은 그 큰 대륙에서 어디로 갈까였습니다.
처음에는 역사공부의 최고봉 '하얼빈' 이었어요.
가서 기차역도 가보고 빙등제도 보고
(여행 시기가 1월이라)
추위를 느끼며 역사도 알아보자! 했는데...
(송 모양은) 추위를 많이 타기도 하고, (신 모양은)너무 어려서 걱정이 컸죠...

두 번째 질문 : 여행, 누가갈래? 그리고 왜가?

누가 갈지 왜 가는지 알고 있어야 하니까 왜 가게 되었는지
한번쯤은 고민해볼 필요가 있어
그저 놀고 싶어서 가는 곳이라면 어디든 상관 없지
하지만 함께하고 싶은 마음과
공부하고 싶은 생각과
배워보고 싶은 열정이 있다면

처음에는 방탄 아리랑 영상제작을 하면서 좋았어요.
그리고 감사 하게도
우리 팀 다 같이 상하이로 여행을 갈 기회가 생겨서
당장 가야겠다고 생각을 했어요.
그렇게 가야겠다고 생각을 하고
상하이에 가고 싶은 여행지와
문화들을 조사하면서 먹어보고 싶은 음식도 생기고
가고 싶은 곳도 생기고...
특히 임시정부에 관심이 생겨서
더욱 가고 싶어졌던 것 같아요!!

세 번째 질문 : 중국어... 할줄은 알아?

중국에 가서 말한마디라도 해보려면 기본적인 말들은 알고 떠나야지

조금이라도 중국어 공부를 해보자

기본적으로 알고갈 중국어 몇가지

이름 = "我叫 @@@。"

= "제 이름은 @@@입니다."

워지아오 @@@

나이 = "@@岁。" = " @@살입니다" @@스웨이

국적 = "我是韩国人" = "저는 한국인입니다." 워시한궈런

인사 = "认识你很高兴。" = "만나서 반가워요" 런시닌헌까오씽

주연이가 열심히 쓴 중국어 공부 노트!이 구역의 필기왕은 송주연!!! ㅋㅋ

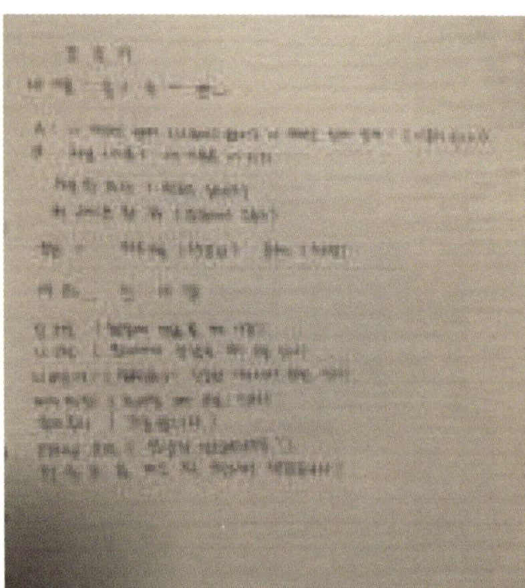

중국을 다녀온 탈렌탭의 TIP!!!

중국에서 많이 쓰이는 중국어

1. 쎼쎼~ (고맙습니다)
2. 이거 이↗거! (이거한개)
3. 칭완 (저기요/실례합니다)

네 번째 질문: 함께 즐겁기 위해 약속들이 뭐가 있지?

우리가 함께하려면 서로에게 지켜줘야 하는 기본적인 것들이 있어

부모님께서 만들어주시는 밥이 얼마나 소중한지 알 수 있는 식사 당번!
그리고 즐거운 시간을 위해서 서로에게 해줘야 하는 사소한 배려!

MEMO

<여행에서 우리들의 열가지 약속>

1. 혼자 행동하지 않기
2. 기상시간 지키기
3. 안친해도 친한척 하기
4. 싸우지 않기
5. 빨리 씻기 (화장실 포함)
6. 동생들에게 막대하지 않기 +
   언니, 오빠에게 막말하지 않기
7. 예의 지키기(식사예절 포함)
8. 자기짐 자기가 챙기기
9. 항상 정리정돈하기
10. 화가나거나 기분이 상하면 '나 전달법' 쓰기

MEMO

<식사 당번은 지키자>

요일 & 담당자 & 메뉴

목요일 선생님 - 비밀
금요일 시우&유주
 - 주먹밥, 계란말이, 미역국
토요일 형진&범진&시호
 - 김치볶음밥, 계란, 어묵국
일요일 주연&수림
 - 스팸김밥, 식빵과잼, 계란국

다섯 번째 질문: 단순한 여행이 복잡해지는 과정이 되려면?

서내쌤의 여행철학을 따라서 여행하려면
중국+여행+놀이+탭댄스+역사공부

상하이 하면 떠오르는 곳은 어디일까?
윤봉길 의사 기념관
상해 대한민국 임시정부

단순한 여행이 이렇게 조사하고 발표준비를 하며
복잡한 여행이 되어갔습니다.
복잡한 여행엔 항상 <각잡고 준비하는 과정이 있죠>

각잡고 학교 공부도 해야하는데...

〈임시정부 팀 - 주연 시우 범진〉 〈기념관 팀 - 형진 시호 수림 유주〉

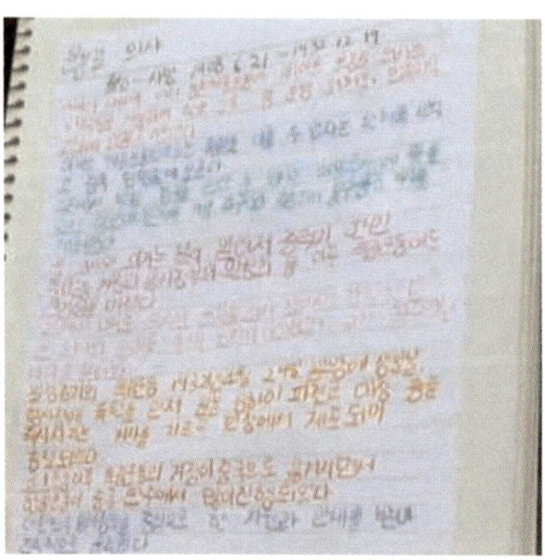

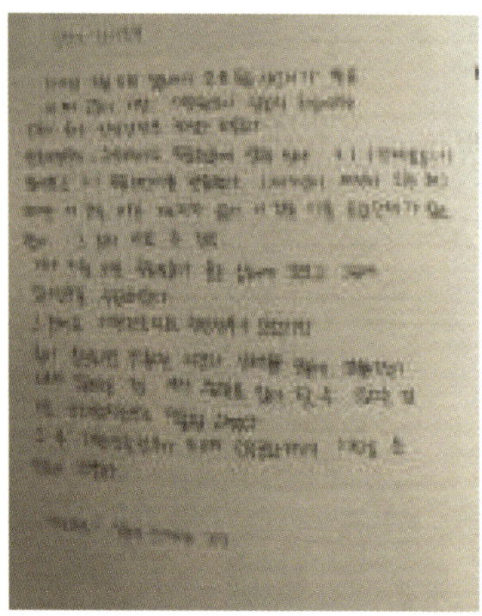

여섯 번째 질문: 죽음의 여행계획이... 뭔지 알아?

수

시간	내용		
4:30	연습실 집합	짐 검사	
5:00	출발	공항버스	10000원
6:30	공항 도착	아침식사	
8:00	출국심사	1시간소요	
8:30	출국	비행	
	9:00 칭다오 도착 pm1시 상하이로 비행	점심식사	
15:00	상하이 도착	홍치아오	
16:00	입국심사	1시간소요	
	지하철 티켓 구매	3일권구매	
16~17	숙소이동		
	홍치아오역승차		
	Guoquan역 하차	보라색	
	도보10분	10정거장	45엔
17:00	숙소도착		
17:10	짐 놓고 바로 출발		
17:20~	도보10분		
	Guoquan역 승차 - 6개	보라색	
	티엔통역 환승 - 2개	초록색	
	한종 역 환승 - 4개	빨강색	
	시하이서커스월드하차	1번출구	
	도보3분	총 40분	
18:30	서커스 도착	간단한저녁	
18:50	마트 앞에서 티켓발권	사진구매	
19~21	서커스 관람		
21:00	숙소이동		
21~22	도보3분		
	시하이서커스월드승차		
	한종 역 환승 - 4개	빨강색	
	팅엔통역 환승 - 2개	초록색	
	Guoquan역하차 - 6개	보라색	
	도보10분		
22:00	숙소도착		
22~23	취침준비, 야식		
23:30	취침		

목

시간	내용	
5:00	식사팀 기상	선생님
6:00	전체기상	
7:00	식사 및 준비	
7:10	출발	
7~8:30	Guoquan역 승차-7개	보라색
	eastnanjing역환승-6개	연두색
	롱양역 환승-1개	민트색
	로우산역환승-3개	갈색
	디즈니역 하차	1:30소요
8:30~9시	사진 찍고 구경	
~20:30	디즈니랜드 관람	12시간
	13시 점심식사	
	17시 집합	
	18시 저녁식사	
	18~20 같이 쇼핑	
	숙소이동	
~22:00	디즈니역 승차 -8개	갈색
	oriental sport centre환승-15개	파랑색
	시핑역 환승 -2개	보라색
	Guoquan역 하차	1:20소요
22:00	숙소도착	
23:00	취침준비 및 야식	
23:00	취침	

금

시간	내용	
6:00	식사팀 기상	시우,유주
7:00	전체기상	
8:00	식사 및 준비	
~9:00	숙소 주변 관광	
~10:00	티엔즈팡 이동	
		1:30소요
	티엔즈팡 점심/간식	
~13:30	주변 관광	
	예원 이동	20분 소요
~14:00	Guoquan역 승차 -8개보라색	
	예원정원역 하차	
15:00	예원 관람	1시간 소요
	인민광장 이동	10분 소요
	예원정원역 승차	보라색
	Laoximen역 환승 -2개	파랑색
	인민광장역 하차	
~16:00	난징동루 도보	30분 소요
	M&M's	우체국
	저녁식사	1시간 소요
~19:30	와이탄 도보	
	페리로 이동	2엔
	디즈니상품점	30분 소요
20:00	동방명주	우체국
~21:30	동방명주관람	1:30소요
~22:00	숙소 이동	30분 소요
	Lujiazui역 승차	연두색
	난징역 환승-7개	보라색
	Guoquan역 하차	
22:00	숙소 도착 및 취침준비	
23:00	취침	

토

시간	내용	
6:00	식사팀 기상	남자3총사
7:00	전체기상	
8:00	식사 및 준비	
~9:00	출발 및 간식사기	
~10:00	탭댄스학원 이동	30분 소요
	Guoquan역 승차 -4개	보라색
	하이룬역 환승 -4개	핀보라
	전핑역하차	도보15분
	전핑 도착	
~10:30	주변 구경	
	학원 도착	
11시-13시	탭댄스 수업	
14:00	점심식사	1시간소요
	레고랜드 이동	15분 소요
	전핑역 승차 -2개	핀보라
	진사지앙역 환승- 1개	핑크
	Daduhe역 하차	
14:30	레고랜드로	도보15분
~16:30	레고랜드 관람	2시간 소요
	자유시간(예원야경/음식)	
	숙소로 이동	1시간소요
	도보15분	
	Daduhe역 승차	핑크
	신천지역 환승	보라색
	Guoquan역 하차	
	도보15분	
	숙소도착	
	짐 정리	
	취침준비	
	야식	
	취침	

일

시간	내용	
5:00	식사팀 기상	주연수림
6:00	전체기상	
7:00	식사 및 준비	
7:10	출발	
7:30	홍커우공원 이동	20분소요
	Guoquan역 승차	보라색
	시핑역 환승	파랑색
	홍커우풋볼경기장하차	
	공원 관람	
8:30	윤봉길의사기념관	1시간 소요
9:00	임시정부 이동	20분 소요
	홍커우풋볼경기장승차	
	Laoximen역환승 -6개	
	신천지역 하차	6번출구
9:30	주변구경	30분 소요
10:30	임시정부 관람	1시간소요
11:00	점심식사 이동	15분 소요
	신천지역 승차	파랑색
	Laoximen역환승 -4개	
	YAOHUA 역 하차	10개 이동
	도보 5분	
	할머니집(점심)도착	
12:00	점심식사	1시간 소요
12:30	주변 관광	
~13:30	공항으로 이동	1시간 소요
	YAOHUA역 승차-4개	
	Laoximen역환승-12	
	홍치아오 공항역하차	
	상하이 공항 도착	
	출국심사	
	비행	
	김포공항 도착	
	입국심사	
	귀가	

제3화 보고싶을 거야 아들, 딸

실제 연락한 내용들을 돌아보면 다들 걱정만 가득한 연락들

보내려니 아쉬운 마음이 느껴지는 모두 한 마음 "보고싶을거야 아들,딸"

부모님의 수많은 하트 속에서 우리는 부모님의 품을 '잠시' 떠났다.

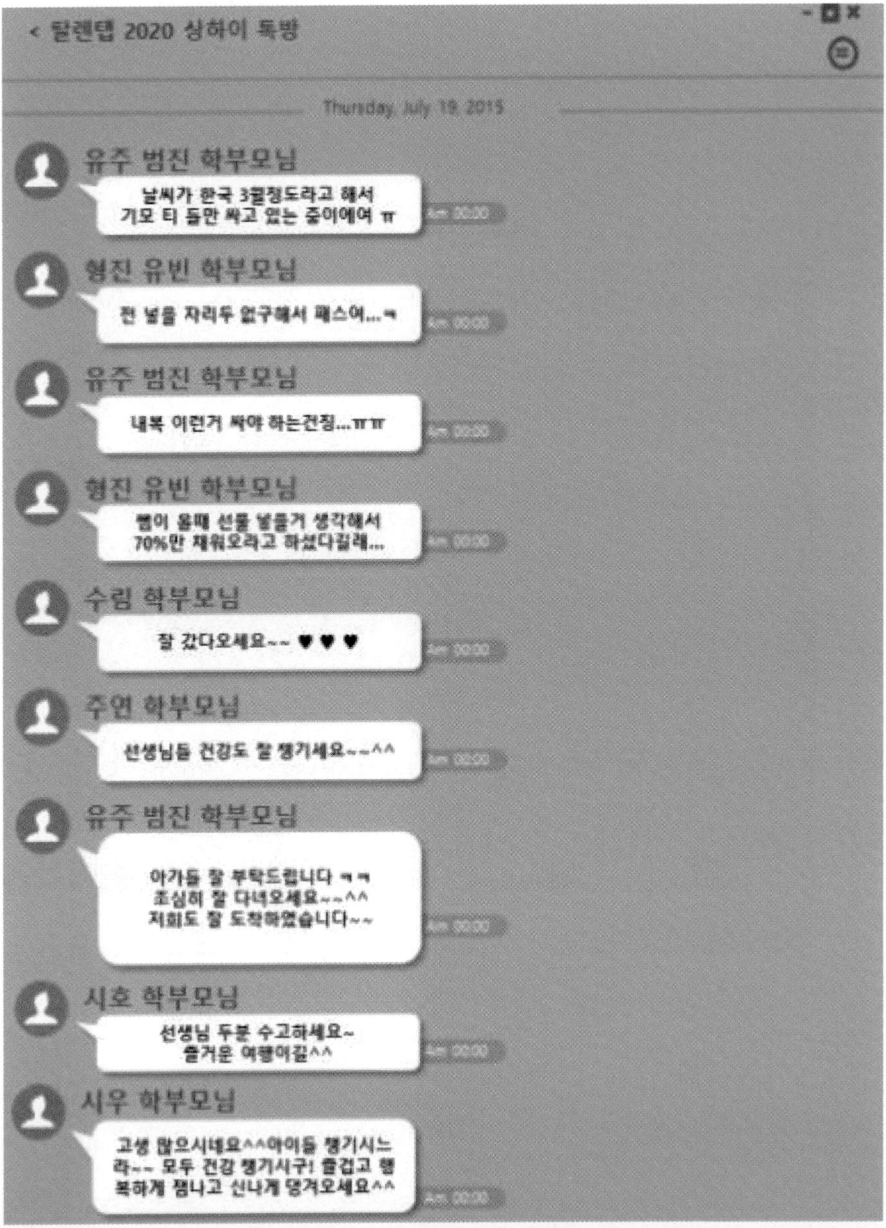

제4화 다시쓰라면 못쓸 일기장

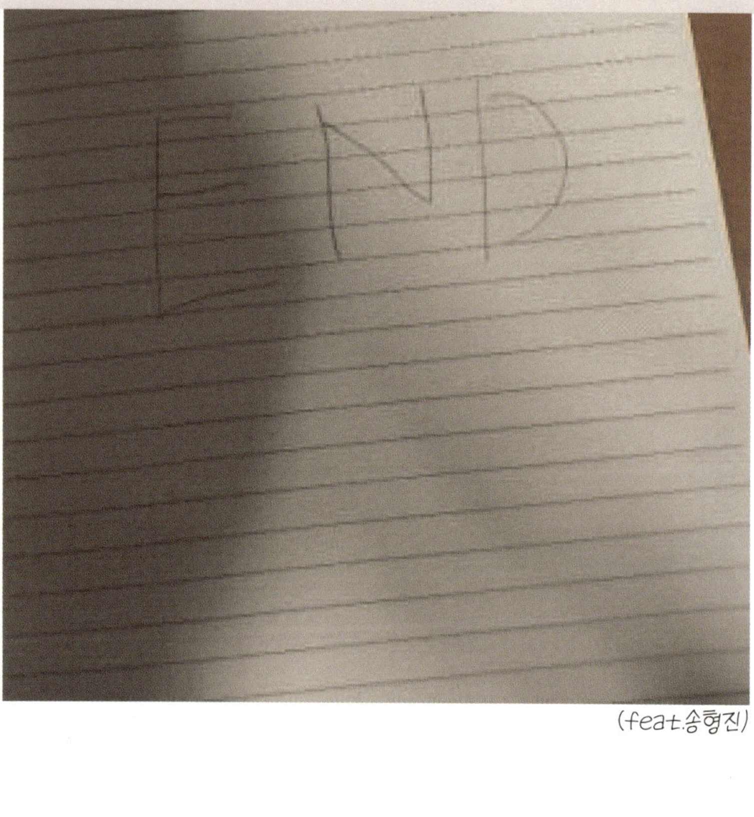

(feat.송형진)

상하이로 떠나기 전 우리는 각자 일기를 썼다.

두근거리는 마음을 적은 일기를

일기장을 쭉~ 보니 매일매일이

새롭고 기대되고 즐거움이 가득했다.

여행도 즐겁기를 바라

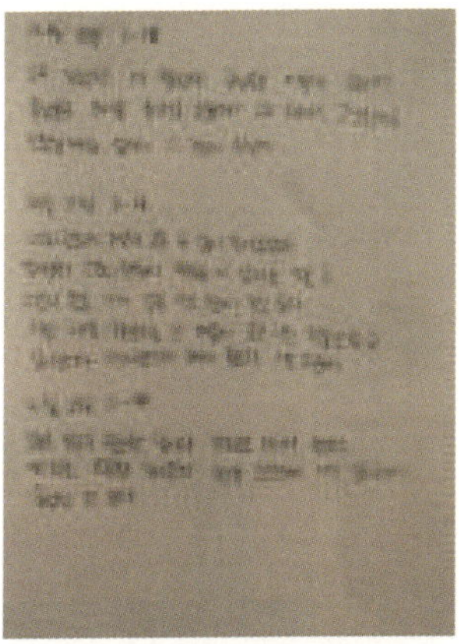

2019년 11월 23일 D-???

첫 모임의 실패(?)로

준비해온 두 번째 모임!

준비했기에 훨씬 수월했다.

아이들이 적극적으로

준비해와준 모습이

너무 고맙기도 했다.

각자 생각해온 아이디어를

서로 주고받는 모습에서

뿌듯함을 느낀다!

점 점 더 기대 되는 이 기분!!!

-서내-

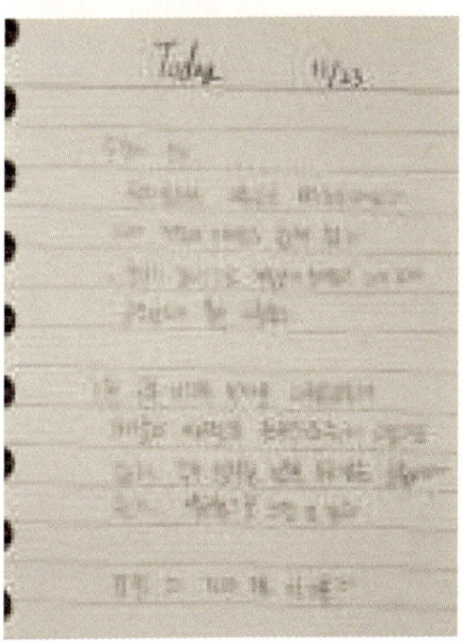

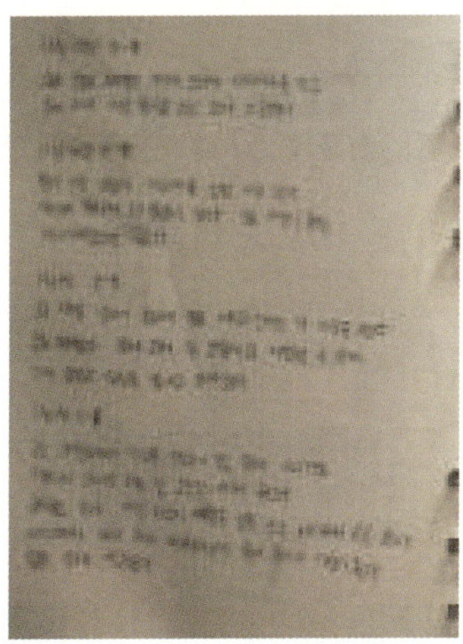

2019년 12월 9일 D-31
한달남은게 믿기지 않는다.
신기하다. 아주 많이
시간으로 따지면 720시간
갑자기 막 설렌다.
길지만 짧고 짧지만 긴시간
일기를 쓰니까
벌써 2019년이 끝나간다.
얼!른!가!고!싶!어!!!! -송주연-

2019년 12월 27일 D-12
오늘은 방학식이다. 그래서 좋다.
상하이 가는게 점점 더 가까워
지고 있다. 벌써 12일 남았다니
이렇게 조금남은게 대박이다 ㅋㅋ
중국에 가면 궁금한게 엄청많다.
짝퉁도 보고싶고, 중국인도 보고싶다.
특히! 잘생긴 중국인!!!
-김수림-

2019년 12월 29일 D-10
여기저기 사람들한테 중국간다고
이야기를 했다. 많이는 아니고...
그랬더니 친구들이 다들 놀랐다.
뭐가 그리 놀라운지
중국어 할줄 모르는데.....
중국가면 말한마디 못할텐데...
걱정도 된다.
-신범진-

2019년 12월 31일 D-8
오늘이 12월 마지막날,
2019년 마지막인게 신기하다.
내일이 되면 2019년이 끝나고
2020년이다. 게다가 상하이
여행 8일 전이라 신난다.
상하이에 대한 것들을
더 알아봐야겠다
-이시호-

2019년 1월 2일 D-6

영어공부만 했는데...

중국어공부도 좀 미리 할걸

생각이 들었다. 빨리 가고싶다.

중국에서 역사공부도 하고, 사람도

만나고 즐거운 경험들이 기대된

다.

이제는 정말 일주일도 안남았다.

벌써 1월이네

-송형진-

2019년 1월 3일 D-5

친구들한테 상하이에 간다고

자랑을 하고 일기를 썼다.

꿈에서 상하이에 있는

디즈니랜드에서 놀다가

우는 꿈을 꿨다.ㅋㅋㅋ

조금 웃겼지만 어이없기도 하고

꿈이지만 재밌었다.

-김수림-

2019년 1월 4일 D-4

부족한 것 같아서 아쉽다

이제 곧 중국으로 가는데 뭔가

부족한 것 같은 생각들이다.

다같이 여행가는게 너무나도

기대된다. 가서도 즐거웠으면

좋겠다!!! 다같이 가서 놀면

더 재밌을 것 같다.

-민시우-

2019년 1월 5일 D-3

일기쓰기 귀찮다.

빨리 1월8일이 되었으면 좋겠다.

근데 엄청 일찍 일어나야한다.

하... 갑자기 가기 싫어졌다.

엄마가 보고싶을 것 같다...

가고싶은데 또 가기 싫다.

기대되는데 무섭다...

-신유주-

여행을 ㄸㅓㄴㅏㄱㅣ 전 다같이 모여서 공부를 했다.
우리가 여행하는 상하이와 대한민국의 역사에 대해서
하지만 "백문이 불여일견" 열심히 찾아도 경험보다 빛나지는 않았다.

제5화 즐거운 시간이 이제 시작!!!

첫날 [여행의 시작] 2020년 1월 8일 여행 일정표

계획

수		
시간	내용	
4:30	연습실 집합	짐 검사
5:00	출발	공항버스
6:30	공항 도착	아침식사
8:00	출국심사	1시간소요
8:30	출국	비행
	9:00 칭다오 도착 pm1시 상하이로 비행	점심식사
15:00	상하이 도착	홍치아오
16:00	입국심사	1시간소요
	지하철 티켓 구매	3일권구매
16~17	숙소이동 홍치아오역승차 Guoquan역 하차 도보10분	보라색 10정거장
17:00	숙소도착	
17:10	짐 놓고 바로 출발	
17:20~	도보10분 Guoquan역 승차 - 6개 티엔통역 환승 - 2개 한종 역 환승 - 4개 사하이서커스월드하차 도보3분	보라색 초록색 [illegible] 1번출구 총 40분
18:30	서커스 도착	간단한저녁
18:50	마트 앞에서 티켓발권	사전구매
19~21	서커스 관람	
21:00	숙소이동	
21~22	도보3분 사하이서커스월드승차 한종 역 환승 - 4개 팅엔통역 환승 - 2개 Guoquan역하차 - 6개 도보10분	[illegible] 초록색 보라색
22:00	숙소도착	
22~23	취침준비, 야식	
23:30	취침	

현실

1. 공항버스 안타고
3대의 차량을 이용

2. 칭다오에서 점심식사
괜찮은 가게 찾기 어렵고
괜찮은 음식 찾기 어렵고

3. 서커스 관람 못하고
중국의 대형마트 장보기

4. 숙소도착이 10분?
절대 놉! 40분!!

포인트

서커스 취소 / 숙소의 한계 / made in china = 속았다 / 맛있는가 싶더니 엄청 짜 / 기대되지만 졸려 / 피곤하지만 좋아

- 2020.01.08. AM 4:30 연습실집합

탈렌탭 연습실에서 비가 부슬부슬 내리는 수요일 새벽
얘들아, 카메라 보고 한 장만 찍자!!!
아주 자랑스러운 순간을 사진 한 장을 찍기 위해서 다같이 "꺄르르" 하고 웃으며 찰칵!!!

은평구 응암동 탈렌탭 연습실에 모여
캐리어에 있는 짐들을 모두 확인하곤 해가 뜨기 전......
아침인지 밤인지 모를 시간에 우린 출발했다.

- AM 6:20 인천 공항 도착

엄마..... 걱정 그만해요...ㅎㅎ
얼굴에 쓰여있네 증말...!!!

떠나는 길 함께하지 못해 아쉬운 마음도
떠나는 길 한없이 지켜보며 걱정하는 마음도 모두 잘 알고 있어요.

비행기 타러 가는 길

부모님들께 인사를 하고,
출국심사를 마친 저희들은
이제 비행기를 만나러
긴 공항 길을
이동 하려 했...으나

공항에서 마주친 극강의 귀요미
상어를 만나 찰칵>_<

다같이
단체사진 찍을 때
힘든건 안비밀~

탈렌탭 시그니쳐 포즈로
다같이 찰칵!!!
탈렌탭의 T를 손으로
보여주며 찰칵!!!

비행기를 타는데 다양한 대중교통을 타고 가더라구요.

먼저, 비행기 타는 사람만
탈 수 있는 고속열차
이른 아침이라 좀 피곤하긴
하지만... 그래도 신기하고
재밌고 웃기고... ㅋㅋㅋㅋ

익숙하지 않은
지하철을 타고

얘들아!! 우리는 이번아니고 다음에 내려!!

얘들아 미안 ㅋㅋㅋㅋㅋ

다음역은 없어... ㅋㅋㅋㅋ

우리 모두 얼굴에

미소가 번져있는 이유는

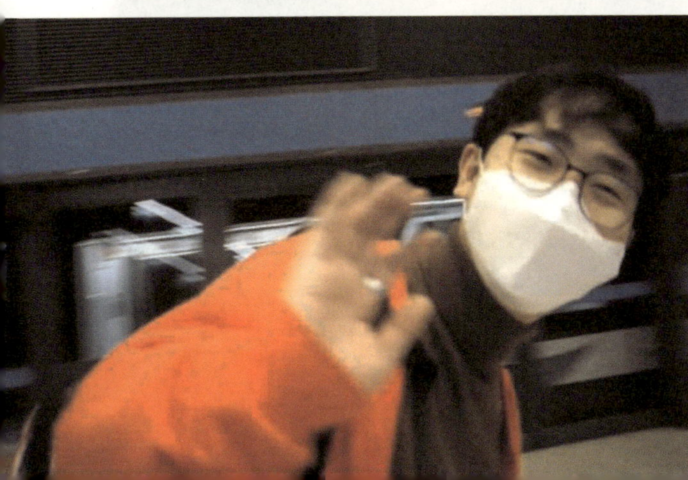

우리 모두

함께 가기

때문입니다.

경유지인 칭다오의 맛집을 검색 중인 막내 유주

저 염

(가소로웊ㅋ)

비행기를 처음 타도, 몇 번 타봤어도 함께해서 그냥 막 설레는 여행

이제 비행기
만나러 가볼 시간!!!

두 번째 대중교통인
버스를 타고
비행기와 더
가까워지는 우리들

버스를 타고 비행기로
비행기를 타고 칭다오로
칭다오에서 상하이로
떠나는 첫 여정

먼 훗날 우리의 생각들이 실제가 되어서 어려운 친구들에게 도움을 줄 수 있는 사람으로 기억되고 남았으면 좋겠어. 부모님 없이 떠나는 이 여행에서 많은걸 배우고 성장하기를...!

이제 정말 출바알~

아참!
비행기는
신발 벗고
타야하는거
알지?

형진이는 비행기 처음타서
속을뻔 했데요~~

비행기는 언제 타도
그냥 설레죠... 왜냐면...
자주 안타니까...?ㅋㅋㅋ

곧 휴대폰을 꺼야 한다는 말에 모두 다 같이

우리
살아서
봐요.

ㅋㅋㅋㅋㅋㅋㅋㅋㅋㅋ

왜저래

ㅋㅋㅋㅋㅋㅋㅋㅋㅋㅋ

얼굴에서
보여지는
밝은미소

표정가득
담겨있는
두근거림

- AM 10:00 ~ PM 1:00 칭다오 공항

생각보다 날씨가 추운게 사진에도 보일정도로 꽤나 추웠어요...

거의 뭐 영화배우
걸어오듯 다니는
형진이

칭다오 공항에서
직접 촬영중이신
TV 진행자 형진, 시호

칭다오에서 만난 맛있는 점심시간~

새로운 맛과 향이 어색하지만신기하고 맛있는 중국의 음식들

맛있는 음식들을 보며 씐이 난 주여니

신나서 아구아구 먹어버리는 배고픈 10대들 ㅋㅋㅋㅋㅋ

칭다오 공항을 경험한 탈렌탭의 TIP!!!

중국음식점에서 '잘 모르겠는데...' 싶으면 <餃子>를 찾아라!!

만두다... ㅎㅎ 만두는 실패 없다....!!! ㅋㅋㅋㅋㅋㅋㅋㅋㅋㅋ

잠깐의 시간에 소화시키기 위해 인터뷰도 하고~

중국에만 있는줄 알았던 맛있는 와플? 빵?
그래서 그렇게 맛있게 먹었는데 한국에도 있다는 사실

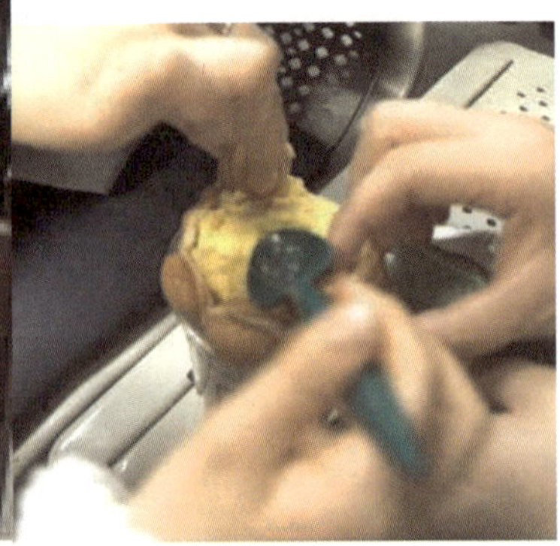

밥 + 간식 = 식곤증

익숙하지 않은 비행기를 타고 비행을 하고
익숙하지 않은 음식들을 먹고 나니 오는
기분좋은 식곤증

상하이로 가볼까!!!
갈 생각에 신나서
머리부터~발끝까지
웃음꽃이 피었다~

중국을 다녀온
탈렌탭의 TIP!!!

중국의 여자 화장실은
'양변기 < 좌변기'
좌변기가 더 익숙하다

화보같은 시호와 여배우같은 유주
칭다오에서 배부르게 점심을 먹고
칭다오 공항을 떠나 이젠 상하이로 떠나야 하는
시간이 다가오고 우리는 맛있게 먹고
나른하게 졸고
기분좋게 출발!!!

- PM 3:00 드디어 상하이 도착

더 들떠 보이는 우리들의 표정 공기부터 다르다나 뭐래나...

빠르게 수화물을 찾고 티켓을 구매하고 렛츠 고 상하이

<여행객 특징>

1. 캐리어를 끈다 2. 몰려다닌다 3. 두리번 두리번 거린다

4. 잘 모르는 언어를 쓴다. 5. 그게 바로 우리들이다. ㅋㅋㅋㅋㅋㅋ

그런 우리에게 질문을 하는 중국인

다른 사람들의 눈에
우리들이 신기해
보여서 그리고
어린 학생들이
우루루 즐겁게 있으니
궁금 했겠지??ㅎㅎ

신기함도 잠시
새로운 환경에
조금씩 나른해졌다
무사히 와서
긴장이 풀린걸까?

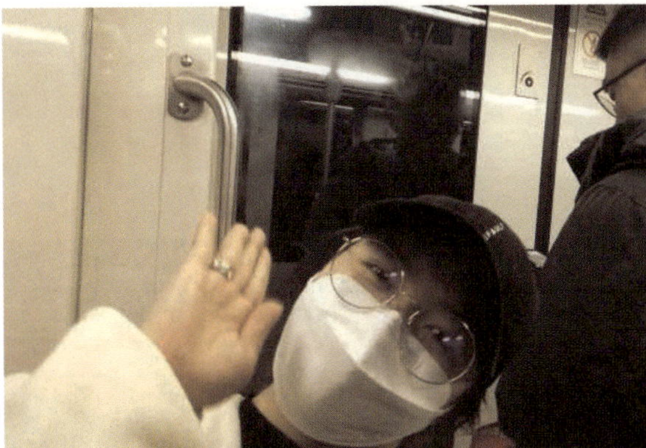

그 와중에 텐션 UP! 시키는 쌤들

우리의 여행은 이제 시작이야!!!

그 런 데 지하철 직원에게 혼나는?! 서내쌤!!!

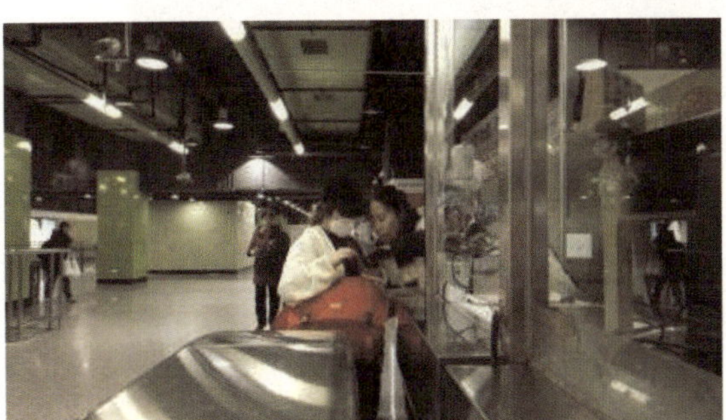

우여곡절 끝에 겨우겨우 숙소에 짐을 놓고 긴급회의를 진행하였고

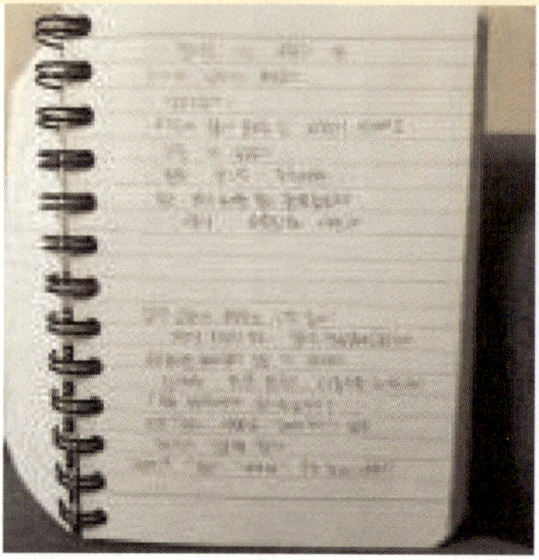

결론은,

서커스를 포기하기로 했다

서커스 대신 선택한 것은 다름 아닌 장보기 ㅋㅋㅋㅋㅋㅋㅋㅋㅋㅋㅋㅋ

중국의 거리는

엄청 신기해요

그리고

중국의 거리는

너무 즐거워요

마트에서 한창 장보기를 하고, 쌀, 고기, 계란, 야채, 간식 등등등

수림이가
제일 좋아하는
과자도 알게되고

양손 무겁게
다시 숙소로 출발!!!

숙소에 도착하자마자 샤워를 하고

(아, 치카치카는 안했어요 ㅋㅋㅋ 야식 먹을거니깡>_<)

보금쌤이 만들어주신 맛있는 고기반찬과

서내쌤이 만들어주신 맛있는 흰쌀밥

잘먹겠습니다~~~

상하이 첫째날!!!

엄마 아빠

저희 잘 왔어요~

안녕히 주무세요

『 첫째날 사진첩 』

다시 생각해봐도 우린
다행이었다.

코로나 바로 한발 앞
우리는 그렇게 상하이로 갔다.

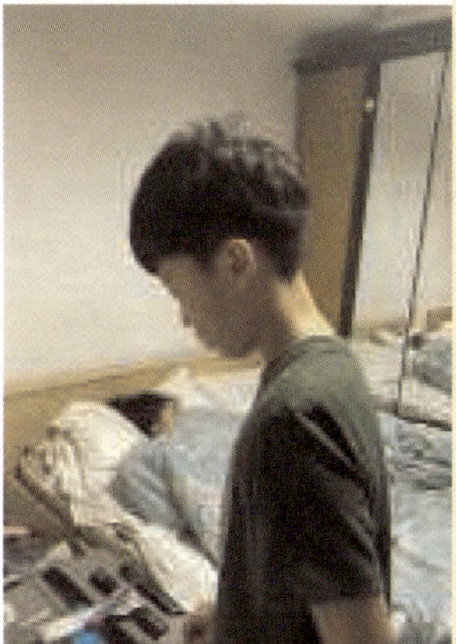

비록 이른시간 출발해서
힘든 첫날이었지만
새로운 사람들을 만나고
새로운 장소를 와보고
새롭고 즐거운 시작입니다.

제6화 거의 20000보씩 걷기

둘째날 [여행의 정점] 2020년 1월 9일

새벽 5시에 기상해서
시우와 수림이가 만든
주먹밥을 먹고
기찻길을 건너

수많은 인파 속에서
대륙을 느끼고
중국에서는
필수코스인
짐 검사 를 해야

비로소 지하철 패스를 찍을 수 있었다.　　"하아- 힘들어"

유난히 잘 찍어주고 싶은 보금쌤의 마음이......ㅋㅋㅋ
우리와 다른길로 이끌어 아침부터 즐겁고
보금쌤만 다른 에스컬레이터 타게되고...ㅋㅋ

얼굴 가득
미소로
번집니다
새로운
나라도
새로운
사람들도
모든게
즐겁고
신기한
둘째날의 시작!

익숙하지 않은
중국의 지하철을 타고
수많은 인파를 경험하며
환승하고, 걸어가니

어느샌가
우리만
남아있는
지하철
풍경

드 디 어 디즈니 랜드 도착!!!

우리를 반겨주는
크고 아름다운 디즈니 성

그렇게 티켓을
발권하고 ~
이제부터 즐겨볼까아 - !!!

첫 놀이기구 ' 버즈 라이트 이어 '

토이스토리의
버즈가
되어 악당을
물리치는
수림&유주

2인1조가 돼서
버즈를 타고
악당들에게
총을 뿅뿅뿅!!!

버즈가 끝나고
잠시 기념품샵에
디즈니 사탕!
개수가 모자란
상황에서~.

탈렌탭은!!!
작은 사탕도 쪼개 나눠먹는
배려와 공유의 모습을 보여주죠 ㅎ

두 번째 놀이기구 ' 슬링키 독 '

슬링키 독?
토이스토리에 등장하는
스프링 강아지!
꼬리를 물려고 빙글빙글 스프링을 타고
뱅글뱅글 도는 놀이기구

귀여운데 어지럽고
무서운데 재미있는
슬링키독 대기표는

뼈다귀모양의
귀염뽀짝함 >#<

귀엽게 나눠먹고
즐겁게 놀이기구
다같이 타러가자

세 번째 놀이기구(?) ' 특별 공연 '

지나가면서
본 모습은
그냥
석상인 줄
알았는데. .

움직여!!!

특별공연에 참가한
서내쌤과 막내유주!!!

중국어라 못 알아
들었다는 슬픈 이야기...

디즈니랜드에서의 식사

디즈니에서
가장 유명한

마블 버거!!!

아이언맨, 토르, 캡틴아메리카, 헐크를 상징하는
햄버거와 음료 샐러드 감자튀김까지~~
1인1 햄버거는 기본 중에 기본이니까 ㅋㅋㅋ

부모님께
맛있는 햄버거
먹는다고
자랑도 좀 하구~

"오! 맛있는데?" ---> "헐! 매워매워!!!"

네 번째 놀이기구 ' 제트 팩 '

생각보다 높은 공기와
생각보다 빠른 속도...!!

꿀잼 영상은 ㅋㅋㅋㅋㅋㅋㅋ
유튜브 TALENTAP
go to 상하이 둘째날 1부
2:45 검색 -

다섯 번째 놀이기구 ' 트론 '

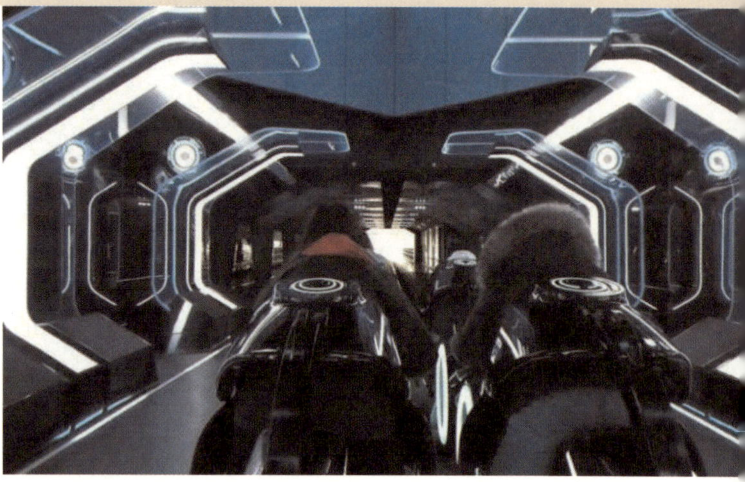

태어나서 처음 보는 엎드려서 타는 놀.이.기.구.

롤로코스터와는 다른 느낌의 놀.이.기.구.

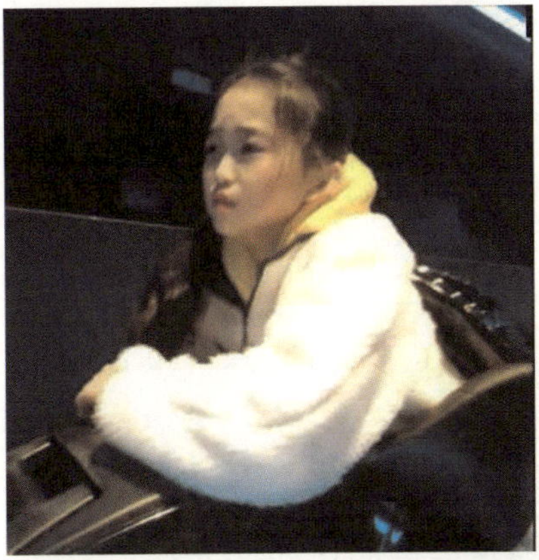

한국의 롤로코스터와는 다른느낌!!
사람들이 왜그리 강추하는지...

무서워서 눈물을 흘리는 유주와
재밌어서 미소를 띄우는 시호

(보금쌤, 주연, 시우 빼고는 다 무서워했다는 사실...)

상하이 디즈니랜드를 다녀온
탈렌탭의 TIP!!!

사람이 없을 것 같은 요일에!
비가 조금 오거나, 날이 흐리면
트론을 타기 더욱 좋다!!!
사람이 없어서 ㅎㅎㅎ

여섯 번째 놀이기구 ' 롤링 래피드 '

(물에 젖을까봐 폰, 카메라 다 속으로 넣어야 해서 ㅠㅠ)

비록 사진은 없지만 중국판 급류타기? 느낌이다!!!

제대로 물 맞을
준비 중인
자칭 겁이 없는 신유주양

둥그런 의자에 앉아서
가운데 있는 동그란 손잡이를
꽈-악 잡고!!!

비가오는날!!!!
거친 파도를!!!! ㅋㅋㅋㅋ

그 리 고 그 모습을 지켜보는 찐 친오빠 신범진군ㅋ

중간에 디즈니랜드 인증사진 찰칵!

상하이에 다녀온
탈렌탭의 TIP!!!

디즈니 성이
잘 나오는
사진명소는
바로!! 미로!!

일곱 번째 놀이기구 ' 캐리비안의 해적 '

캐리비안해적의 영원한 배 '블랙펄' 호

웅장함+고퀄리티+3D = 최강!!! 여행 후에도 기억에 남는

절대 중국이라고 생각되지 않는 젝스페로우~~!!!

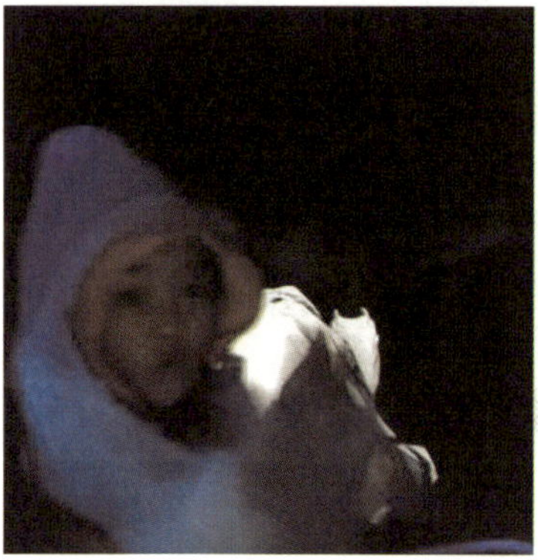

(대충 엄청 재밌다는 몸짓&표정)

너무재밌어!! 캐리비안의 해적

맨 뒷좌석에 다같이 앉아

꺄아--

너무 소리지르고 즐거웠더니
배에서 꼬르륵.....ㅎ
간단하게 간식으로 먹은 랩샌드위치

매운 걸 못 먹는
막내라인 그리고
몇몇을 위한
불고기랩

중국에서 만난
한국 볶음김치가 들어간
김치비프랩

여덟 번째 놀이기구 ' 피터팬 '

피터팬과
날아다니는
느낌으로
팅커벨과
피터팬을
만나는 시간!
모두가
눈호강한...!!!

피터팬에서
내리는 표정이
"하하하핳"

아홉 번째 놀이기구 '날아다니는 코끼리 덤보'

귀여운줄
알았는데
내려달라
절규하는
ㅋㅋㅋ

우리의
남자
삼총사

높은곳은
무서워요
ㅋㅋㅋ

출발하기 전, 서내쌤과 형진이의 소통이...
얼마나 재밌게요~ ㅋㅋㅋㅋㅋㅋ
궁금하시다면 영상으로 꼬꼬꼬!!!

열 번째 놀이기구 '일곱난장이의 광산열차'

백설공주와
일곱난장이
광산열차
.
.
즐거울줄
알.
았.
는.
데
.
.
.

롤로코스터 보다 더 무서워서 엄마 아빠 찾게 되는 ㅋㅋㅋㅋㅋ

(영상 꼭 보세요 ㅋ)

열 한번째 놀이기구 ' 공주의 성 '

디즈니 영화에서 본 바로 그 성

엄청난 크기의 바로 그 성

백설공주의 이야기를

들을 수 있는 예쁜 공주의 성

동화 속에서 보던 마녀의 마법의 거울과

백설공주와 함께 노래하는 새와 동물들도 만나고

열 두번째 놀이기구 ' 렉스 레이서 '

이 스토리가

궁금하다면???

놀이기구를 보며
그저 재밌을 것 같은 표정들

그. 러. 나.

네
거친생각과~

불안한
눈빛과~

그걸
(놀이기구)
지켜보는
너~

열세번째 놀이기구 ' 라이트 업 드림 ' = <불꽃놀이>

놀이동산의 꽃!!!

불꽃놀이
"라이트 업 드림"

렉스 레이서를 타느라
불꽃놀이 시간을 놓치고
열심히 뛰어봐도
불꽃놀이 명당은 못갔고
마무리는 쇼핑

문 열 때 입장해서
문 닫을 때 퇴장하는

우리들의 클라쓰~ 때문에

쇼핑에는 사진이 없다 。。。

정신없이 고르고
제일 마지막으로 계산하고 나왔으니까 ㅋㅋㅋ

그리고 납치? 이사!

그렇게 피곤한 몸을 이끌고 지하철에서 졸아가며- 숙소로 돌아갔다.

"하지만 우리에겐 아직 할 일이 남아있어!!!"

숙소에서 불편함이 있어서
주인에게 숙소를 바꿔달라고 이야기 했고,
추가 비용 없이 다른 숙소를 제공해주겠다고 했다!
회의 끝에 빨리 해결해버리기로 결정하였다~~

"전화 왜
아이받니?"....
ㄷㄷ

하지만 외국은 언제나 두려움이 가득하다...
짐을 싸고 이사갈 준비를 하니
우리를 데려갈 중국의 승합차가 두 대가
왔고 두 선생님은 영화를 찍기 시작했다.

혹시 모를 상황에 바짝 긴장하며 차를 나눠 탄 쌤들

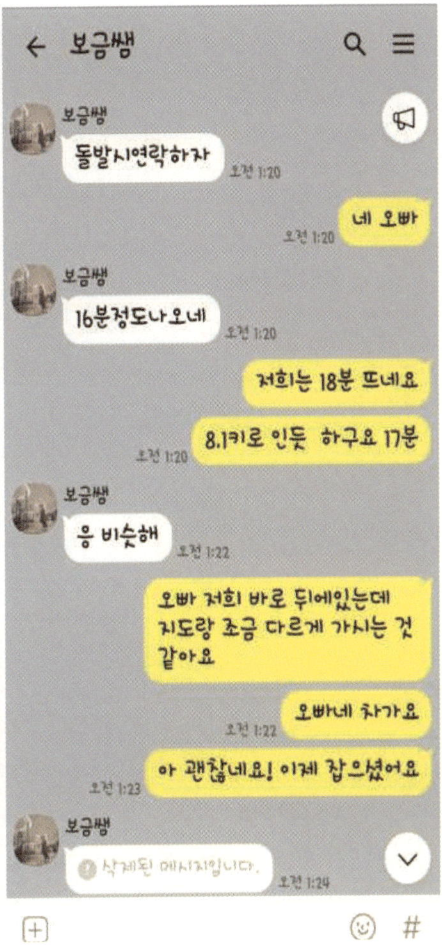

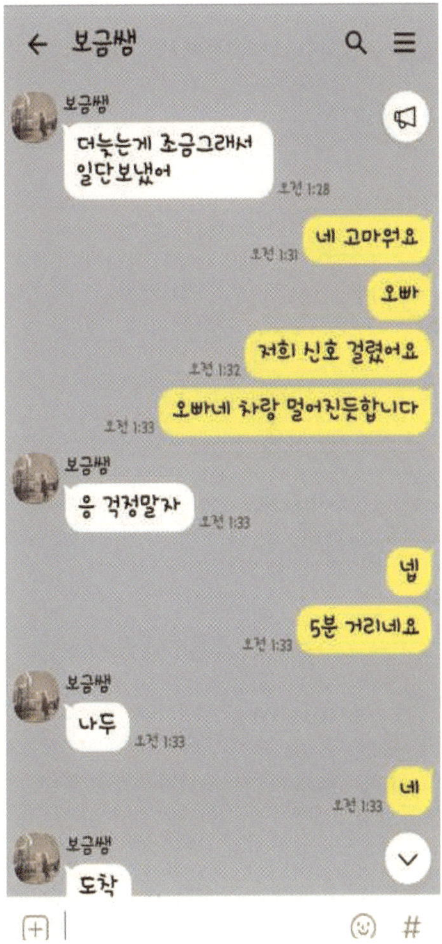

1번차량= 보금쌤&주연&형진&수림

2번차량= 서내쌤&시우&시호&범진&유주

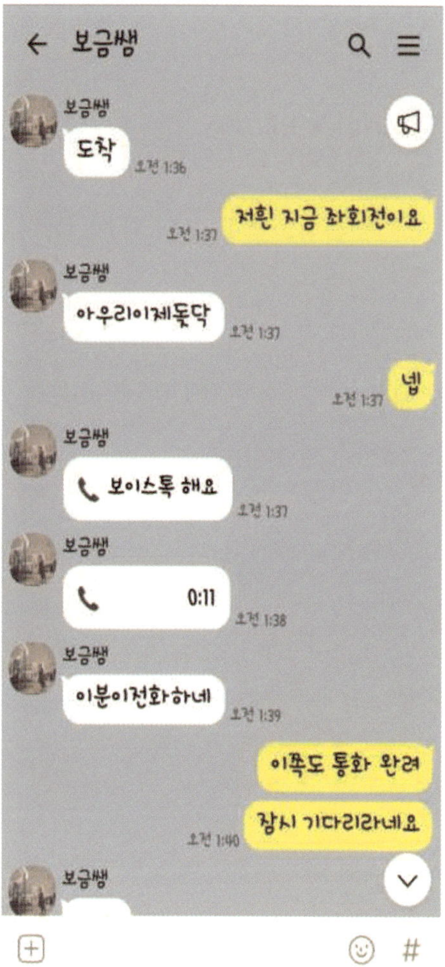

후... 다행히 이사를 완료하였다...!!
약 20분 이라는 시간이 그 당시 선생님들에게는
20년 같았다고 한다...

드디어 이사 완료!!! 숙소 도착!!!

모두 피곤했지만
새로운 곳으로의 여정이
피로를 이길만큼 즐거웠나봅니다.

무사히 숙소를 옮겼고
정말 두려움이 가득한 상태 + 디즈니랜드의 피로감 + 타지의 긴장감
으로 너무나 배가 고프고, 피곤하고, 지쳤다...

얼굴에 보이는 피곤함
하지만
우리들은 배가 고프다아---

들어오자마자 피곤한데
배고파서
보금쌤의 야식타임~

감자&야채볶음

『 둘째날 사진첩 』

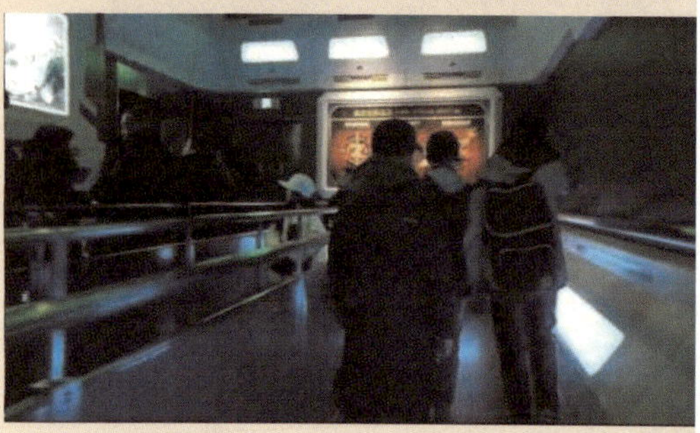

디즈니랜드의 불꽃놀이는
성에 영상을 비춰서
마치 거대한 공연을 보는 듯 했다.
-여행객 중 누군가-

TOY STORY Land
玩具总动员

TOY STORY Land
玩具总动员

TOY STORY Land
玩具总动员

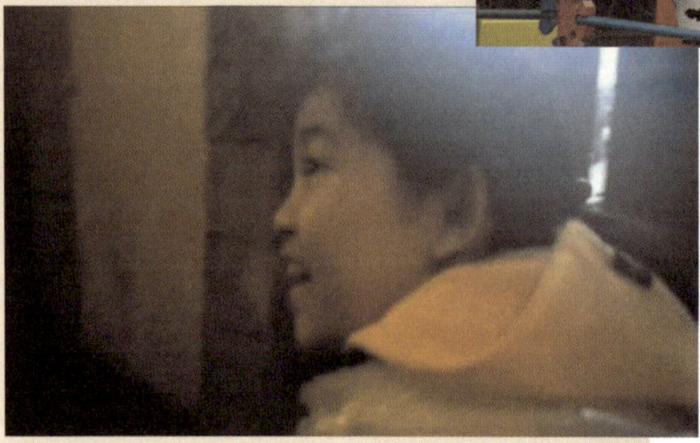

제7화_운이라는건 우리에게 있다.

셋째날 [여행의 무게] 2020년 1월 10일

상하이에서 맞이하는
두 번 째 아침은 고요하다.

우리가 엄청 일찍일어나서
아직 사람이
없는걸지도... ㅋㅋㅋㅋ

졸린 몸을 이끌고 오늘도 출발!

눈좀 떠... 제발...
다같이 정신을 차려보려 노력...
하지만 안되는걸 우째.... ㅠ

지하철 타러 가는 길에 직업정신 투철한 분을 발견했다.

그 분은 바로~~

아, 이분 말고

바로

이분!!!

신범진군

오늘은 지하철을

공부하는 시간? ㅋㅋ

중국의 지하철

안내는 정말

신기하고

신기하다!

지하철과 중국 지하철의 차이점은 무엇일까요~?

한국은 몇정거장만 알려주고 중국은 몇분 몇초 남았는지 알려주는...

이런 친절한 지하철!

아침부터 지하철을 타서 힘든거니

고뇌중이니 주연아?

분명 눈은 뜨고 있을거라 믿어...!!

지하철에서도

에너지 넘치는

남자 삼총사

지하철을 타고 가는 우리의 목적지는~ 바로, <티엔즈팡>

상하이
예술인의
거리로
향하는
삐약이들

이곳이 바로 티엔즈팡 입구!!
작은 입구이지만 정말 예술가의 거리였다.
음... 문래 예술창작촌 + 가로수길? 느낌

입구의 금 스*지 밥을 보고 생각한
서내쌤의 특별한 이벤트!!!

<100위안 플렉스 하기~>

각자 100위안씩 용돈을 받고, 주어진 시간동안 자~유~롭게 쇼핑을 하는 시간이다. 자유로운 쇼핑 시간에 탈렌탭은!!!

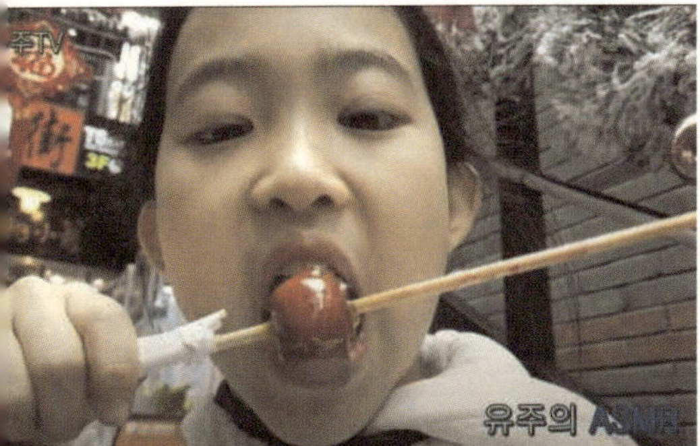

막내 유주는
자신을 위한
선물로
탕후루 먹방 ㅋㅋ
(귀요미 ㅋㅋㅋㅋㅋㅋㅋ)

수림이는 부모님 선물로 부모님을 닮은(?) 티셔츠
(고른건 호랑이랑 돼지였다는... ㅋ)

큰언니 주연이는
부모님 선물로 가죽 지갑을!
수많은 티셔츠를
판매하는 예쁜 가게에서
다들 티셔츠를 구매했다는 이야기~

그렇게 즐거운 가운데 수상한 그림자들이 있었는데...

형진이? 보금쌤한테 볼일있

뭐?? 선생님한테는 비밀로 하고??? 뭘???!!!

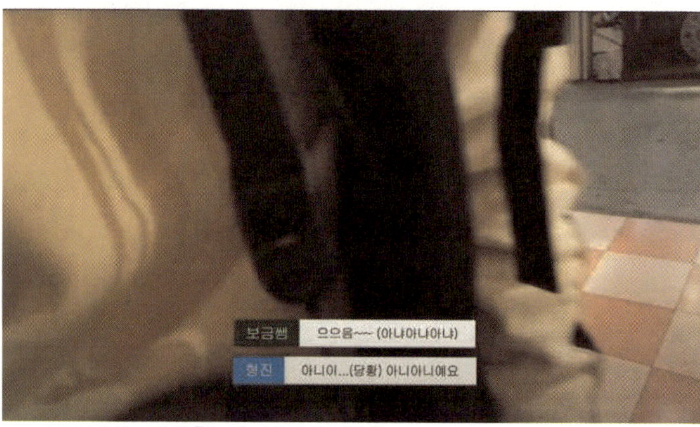

누가봐도 수상한 두 남자의 반응....

그렇게 탈렌탭이 비밀스럽게 나눈 이야기는 바로...!!

서내쌤 생일 축하!!!

1월10일은 서내쌤 탄신일!!!
그래서 모두 준비한
소소한 생일 파티!!!

다같이
생일 축하
노래도 불러주고

준비한 운동화&팔찌&향수들&케이크

비밀스럽게 회의한 결과 서내쌤 생일 선물로 준비한 "운동화"
그리고 유주가 몰래 준비한 5위안 깎아서 구매한
(할인받은게 제일 중요 ㅋㅋ)

[케이크와 관련된 소소한 이야기]

케이크를 사려고 돌아다니는데 없어서
초록별카페에 가서 가장 예쁜걸로 골라서 나왔는데...
밥먹으러 가는길에 케이크집을 두 군데나 봤어요...
아... 진짜... 너무해
-시우-

그런 탈렌탭을 보고 끄적인 편지 책에서만 볼 수 있는 감동받은 서내쌤의 마음... 선물을 받은 그 날 밤 서내쌤은 밤새 눈물을 흘렸다는 비밀스러운 이야기!!!

T.O. 보금쌤, 주연, 시우, 형진, 범진, 시호, 수림, 유주

안뇽 애들아(?) 내 인생에서 처음으로 너희들과! 외국에서!! 생일을 맞이했다.
우선, 고맙다는 말을 하고싶어.. ㅎㅎㅎ
주연이! 안본척, 모르는척, 아닌척 하면서 내 생각해주고 고민해주고 동생들을 이끌어줘서 고맙다! 내 생일 챙기려고 노력한거 종말.. 감동~
그리고 시우! 알어 너 고생한거 중간에서 언니도 챙기고, 동생도 챙기고, 쌤도 챙기고? ㅋㅋㅋ 나를 균기도 잡아주고! 초1 때부터 난 네가 멋진 아이라고 생각했어! 민시우~ 넌 리스펙트~~~ 애정한다 내 시키!!♥
형진이!! 처음으로 뭔가 더 친해지는 계기가 되었던 것 같아 너라는 아이를 알게되서 정말 많이 감사하는거 알지? 앞으로도 지금도 고마워. 누나들 사이에서 중간역할도 하고 보금쌤이랑 내 생일 선물 고민하고 진짜 너어~ 너 아니였음 내 생일선물 고를때 꽤나 어려움이 있었을 것이야!! ㅋㅋ
범진아~ 넌 꽤나 책임감이 있고 오빠다운 듬직함도 있고, 아침식사 준비할 때 보니까 작은것도잘 보고 준비할 줄 아는 것 같아서 되게 멋있었다!!! 생일 축하해준것도 아닌척 하면서 막 노래도 잘 해주고 이래저래 잘 준비하고 생각하는 것 같아서 고마웠어!

시훈아~~~ 너 능력자인거 알지? ㅋㅋㅋ 처음엔 다들 소심한줄 알았는데
좋아하는 분야에서는 엄청나게 수다쟁이이고, 친한 친구랑은 엄청 잘 노는 너
모습에서 한편으로는 내가 자기반성도 했어 널 더 이끌어주고 싶넹 ㅋㅋㅋ
여행이 너에게 어려움이 되었던 것 같아 미안하기도 해 ㅠ 다음이 있다면
우리 강 좀 놀면서 친해져보자!!

수림에! 넌 정말 특별한 아이야 ㅎㅎ 이 글을 볼 수 있다면. 수림아! 넌 정말
멋진 것 같아 그리고 좀 더 솔직해도 될 것 같오 ㅎㅎ 남들 모르게 쌤 생일 선물
생각하고 부모님 생각하고 언니 생각하고 정말 넌 너만의 매력을 갖고있오
네가 앞으로 성장하면서 내가 너에게 도움이 되었으면 좋겠어 선물도
생각한것도 너무 고마워 수림아

막내 유주우~ 쌤 선물 고르는데 네가 즐겁게 골랐다는게 눈에 보이고 마음으로
느껴져서 너무 고마웠어 아직은 어리고 막내라서 어려운 부분도 있었을텐데
끝까지 울지 않고 잘 따라와줘서 고마워 유주야 넌. 참 나를 많이 닮았어
내가 널 위해 항상 노력할게 유주야 나중나중에 엄마한테도 말하기
어려운게 생기면 쌤한테 말해 우리 같이 놀자 ㅋㅋㅋ

마지막으로 보금쌤! 남학생들을 케어하기 어려운 저를 살려주셔서 감사합니다
ㅋㅋㅋㅋㅋㅋㅋㅋㅋ 그리고 아이들과 함께 삼촌같은 느낌으로 아이들이 따라올 수
있게 해주신것도!! 선물 고를때 아이들에게 조금 더 합리적이고 좋은 결정을
위해 도와주셔서 고맙습니다!

FROM. 서내쌤

외국에서 생일을
축하받은 것도
좋아하는 사람들과
함께 했다는 것도
모든 것이 감사하고
함께해서 즐거웠다.

감동을 안고 간 곳은! 중국의 전통적인 호수 <예원>!!!

다시 지하철을 타고
예원정원역으로~

이번 여행에서 형진이는
카메라에 관심이 생겨
형진TV가 남자들 사이에서
큰 인기를 끌었다.. ㅋㅋ

(형진TV 1호팬 이시호군)
(형진TV 애청자2 보금쌤)

(형진TV 애청자3
어리둥절 신범진군)

그렇게 지하철을 타고
환승도 하고~
환승하는 에스컬레이터에서
형진TV에 찍힌 시호는
거의 연예인 급으로 찍히고 ㅋㅋ

그때!! 생각지 못했던 문제가 생기고 마는데...

왜 못오니 주연아...?

저좀.. 내보내주세요....

지하철 티켓에 문제가 생겨서

지하철 아조씨를 호출하고
겨우겨우 환승에
성공하였다...!!!

역을 나와 예원을 향해 가는데
우릴 막아선 나쁜 비!!!
미처 우산을 챙기지 않은 몇몇이 있었지만
다같이 나눠쓰고 이동!!!

예원으로 향하는길에 있는
중국의 흔한 풍선스케일
우리가 가는 주간이
풍등축제?처럼
행사가 한창이었다.

드디어 예원 입성!!!

힘들지만 중국의 역사와 전통을 느낄 수 있는 곳!!!
역사를 공부하고, 전통을 직접 볼 수 있어 유익한 시간이었다.

하 지 만 얼 마 후

역시 공부는 졸려

ZZZZZZ

예원의 중심에는

아주 멋진 호수?가 있는데...!

물을 보고 신이나버린

범진이의 뒤태와

물을 보면 수영을 해야한다는 저-엄-프-샷 ㅋㅋㅋㅋㅋ

재밌게 돌다리도
건너보고!

뭐하는지 모르겠는
형진이의 행동도 있구~

Q. 형진이가 사진에서 하는 말은?

1번, "잉어야 안녕"
2번, "물이 깨끗한 것 같네요~"
3번, "오라이~오라이~"
(정답은 셋째날 사진첩 마지막에...)

중국에 와서 먹는 중국당면!!!
중국에서 먹는 만두만두만두 마안두우~
예원 앞에서 간식으로 이것저것 먹어보고!

그리고 다음 목적지인 동방명주로~렛츠꼬!!

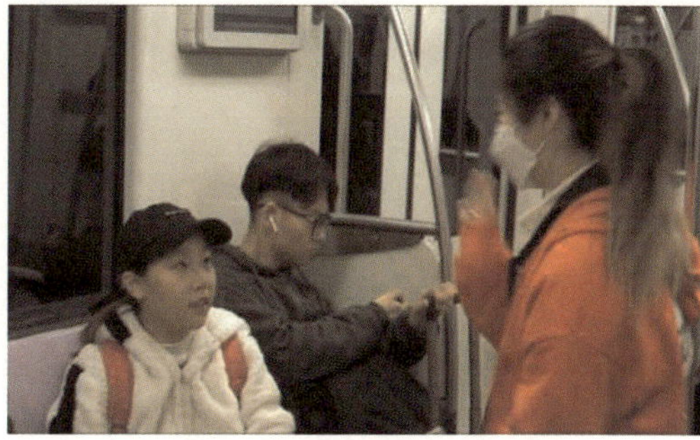

피곤할땐 지하철에서
서내쌤 재롱잔치 보기ㅋㅋ

동방명주?? 절대적으로 가야하는곳!!!!

263M 위에서 땅을 바라보는 느낌은...

잘 안보인다...ㅠ

비 온뒤라 안개가 껴서 아쉬움 가득한 지상이었다...고 생각했는데!!!

그래도 하늘에서 바라보는

상하이의 풍경은

아름다웠다

저 아래 보이는 와탄이 너무나 아름답게 느껴지고

위에서 바라보니 더 세상이 작게만 느껴졌다.

이제부터 시작이지! 달려볼까?

동방명주의 포인트는 이곳이 아닌

이보다 높은 곳!!

바닥이 뻥~ 뚫려서 아래가 다 보이는 아주 무섭지만 재밌는 곳!!

다같이 사진을

찍기 위해

넘어야 하는

산이 있었는데..

그것은 바로

고소공포증

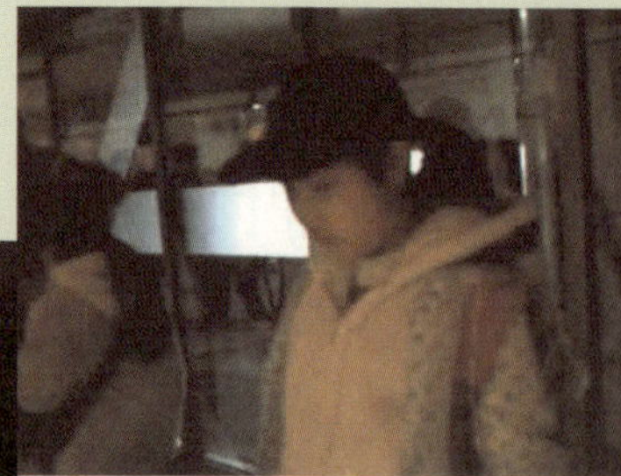

'하아... 높네...'
(수림이 시점샷)

안 무서워하는 것처럼
보였던 수림이는
자신있게 투명바닥 위로
올라오는데
잠시 후

아래가 안보이는높은 곳에서 눈물을 흘리는이가 있었는데...

그땐
미처
알지
못했지

보금쌤이
장난을
칠줄

무서워서 보고만
있었어요

보금쌤 미워...

ㅁ... ㅣ ..미...미워....!!!

미안해 유주야... 이제야 말해주는데.. 다른 사람들은 다 알았어...

조심조심
가 보
는거야
유주야~

두렵지만 유주는 이겨내고
보금쌤과 함께 조금씩 앞으로...!

"엄마아---"

조금씩 움직이더니 이젠
앉아있기도 할 수 있네
대견하다 ㅎ

그리고 그런 유주를 지켜보는

역대급 신난표정의 범진이ㅋㅋㅋ

마지막으로 내려가기 전에
영화'엑시트'처럼 "따따따 따따 따 따따따~"

동방명주의 위엄을 겪고 한..5년은 늙은 유주 ㅠㅠ

다시 오른
엄청난 높이의
엘리베이터

땅을 밟으니
보이는
엄청나게 높은
동방명주 건물!!!

동방명주를 나와서 비가 오는 상하이를 지나며
뒤에 보이는 저 건물이 바로 동방명주!

비가 오지만 그래도 너무 재밌는걸 ㅎㅎ

(깨알 브로맨스♥)

핑크색하늘우산도 나눠쓰는 쌤과 제자

그냥 가기 아쉬워서 들린
동방명주 앞 디즈니 샵
폐점 때까지 둘러보았다는 사실...

중국 전통 문양과 의상을 입은

미키와 미니가 있어서

더욱 중국의 분위기를 느낄 수 있었다!

그렇게 지하철을 타고 숙소로 돌아온 우리들!

그리고 지친 우리를 위해
쌤들이 준비하신 야식타임~

마트에 들려서 각자 먹고 싶은 간식도 고르고~ 라면도 먹고~

역시
라면이 짱이야!!!

(표정봐ㅋㅋ)

(아참! 맛있게 라면먹고 미친 듯이
베개싸움을 하는 와중에 또 한 번 브로맨스가...♡)

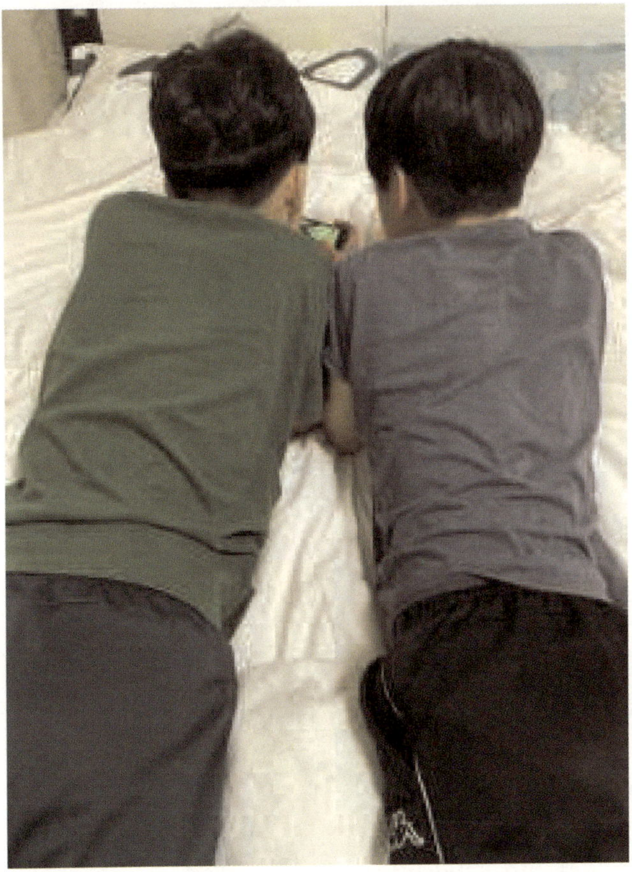

누나들의 방해에도 무던히
그들의 우정을 지켜나갔다는
두 남자의 이야기

『 셋째날 사집첩 』

상하이에서
맞이해보는
생일축하

함께해서
함께라서
즐거웠습니다!!!

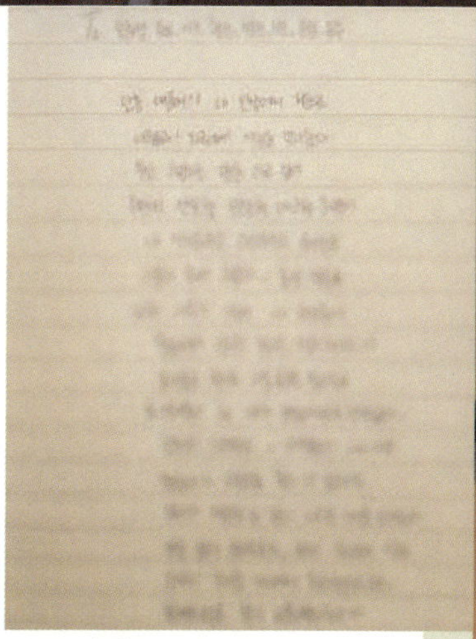

진짜 손편지

정답은 3번 "오라이~오라이~"

제8화_여기까지 왔으니 만나야지

- 셋째날 [여행의 깨달음] 2020년 1월 11일

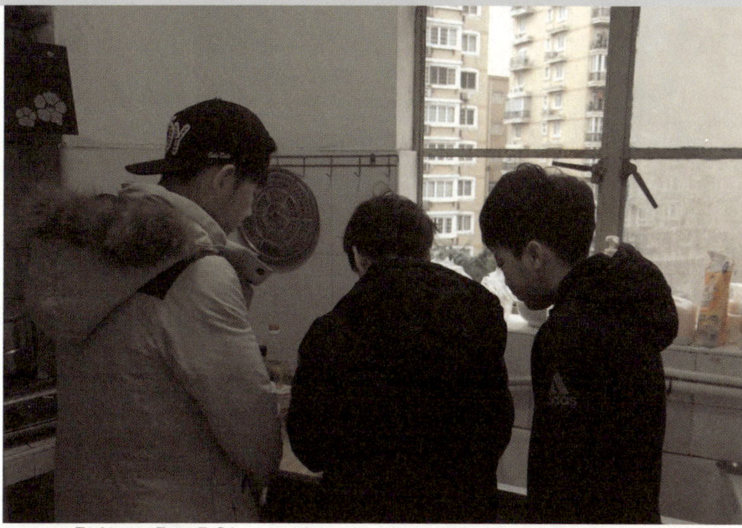

아침식사 준비중인 세 남자

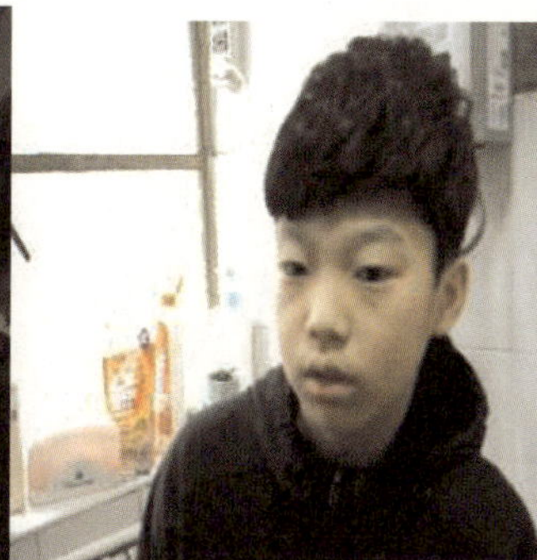

아침식사준비는...
너무 졸려요...

모두 다같이 칼질하며 가장 많이 느끼는점...
매일 아침을 만들어주시는 부모님!! 리스펙트-

김치볶음밥&어묵탕

다들 너무
맛있어서!!
싹싹긁어먹었다.

저희가 준비한 아침식사
맛이요?

말해뭐해~ 끝내주죠!!!

식사 끝!

출발!!

우리에게 가장 중요한 날
중국 상하이에 있는
한 중학교에서 수업중이신
서분에게 수업을 듣는날!!!

간	내용	
:00	식사팀 기상	남자3총사
:00	전체기상	
00	식사 및 준비	
:00	출발 및 간식사기	
	탭댄스학원 이동	30분 소요
	Guoquan역 승차 -4개	보라색
0:00	하이룬역 환승 -4개	찐보라
	전핑역하차	도보15분
	전핑 도착	
0:30	주변 구경	
	학원 도착	
-13시	탭댄스 수업	
:00	점심식사	1시간소요
	레고랜드 이동	15분 소요
	전핑역 승차 -2개	찐보라
	진샤지앙역 환승- 1개	핑크
	Daduhe역 하차	
:30	레고랜드로	도보15분
5:30	레고랜드 관람	2시간 소요
	자유시간(예원야경/음식)	
	숙소로 이동	1시간소요
	도보15분	
	Daduhe역 승차	핑크
	신천지역 환승	보라색
	Guoquan역 하차	
	도보15분	
	숙소도착	
	짐 정리	
	취침준비	
	야식	
	취침	

한국에서부터 서내쌤이 어렵게 연결한
중국의 탭댄서분!!!

원래 매너는 사람을 만드니까~
10분 전 도착은 매너니까~~
했는데! 30분 전 도착.....ㅎㅎㅎ

그래서 탭댄스 수업을 하기 전
유명한 카페에서 음료수도 먹고

오늘의 수업장소에 도착!!!

들어가기 전 다들 여기봐!

자 그럼 본격적으로 수업 시작해볼까?

수업이 시작되고 새로운 작품 진도를 나가시는 중국의 탭댄서

OMG!!
오똑하지?
좀...많이...
어려운데...
쌤...ㅜㅠ

그래도
차근차근
알려주셔서
큰언니들은
진도를
따라가지만

쉽지 않은 탭댄스의 길...

그래도 다 같이 열심히 배워서 노래에도 맞춰보고!!
우리 작품도 선보이는 시간을 가졌다 ㅎㅎ

그런 우리들을 보고 큰 박수와 환호를 보내주신 중국 학생분들 ㅎㅎ

뒤이어 중국 선생님의 답춤?을 보여주시는데...
너무 잘 하시는거 아닙니까? 와...대륙 클라스...

즐거운 중국에서의 탭

댄스 수업을 마치고
다같이 단체사진도 찍고
그렇게 탭댄스
수업이 마무리 되었다!

가는 순간 까지도 우리를 위해 나와서 인사해주셔서 고맙습니다!!!

즐거운 운동 뒤에 밀려오는 허기에 우리는 만두 맛집

'외할머니집' 중국어로는 '와이포지아'
너무 배가고파서 사진을... 못찍었다..

오늘의 두 번째 중요한 미션은 <관광>!!! 그래서 우리가 향한 곳은~

와이탄을 향해 가는 상가!! 그곳에서는 막 돌아다녔는데!!
우리들을 위해 모든 탭슈즈를 보금쌤이 들어주셨다.
(thanks to BE)

각자 용돈을 받아서 가고 싶은 곳, 사고 싶은 것을 사고 정해진 시간에 만나기로 약속을 하고 쇼핑을 하기로 하였다 ㅎ

(쌤들이 뒤에 몰래 따라다녔다는 비밀~)

그래서 가벼운 몸과 마음으로 지상 쇼핑 시작!!

처음으로 마주한 것은...

유주가 깜놀하고!

형진이
입이
떠억-벌어지는

레고랜드도 가보고!!!

(저 뒤에 있는
건축물들이
다~레고!!!)

잠깐의 휴식시간을
갖으면서

요기죠기를
돌아다니고!

다같이 중국어 공부도 했답니다~ 어떻게 했냐구요?

1. 지나가다 음식점 앞에 앉는다.
2. 음식점 대기번호를 부르는 예쁜 목소리에 집중한다.
3. 들은 중국어 번호를 한국어로 바로 해석해서 말한다 ㅋㅋ

이제 날도 어두워졌으니...
집..
아니 야경보러 가볼까!!!

걷다보니 보이는 예쁜 풍경들과 M&M's 가게도 갔다가

중국 국기에서 중국 인증도 하고~

그 유명한
"I LOVE SANGHAI" 앞에서 사진도 찍고

열심히 걸어서 도착한 상하이 야경명소 '와이탄'

그림처럼 빛나는
야경이 우리들을
감동시키기에
충분했다!!!

다같이
와이탄을
배경삼아 그림이
되어보고

유주랑 수림이는
뒤에 보이는
멋진 야경에서
찰칵!

아쉽지만
이젠 돌아갈
시간...ㅠㅜ

너무 예쁜 것 같아요!!
근데...
자만 바꾸면 한국같은데..ㅋㅋ

아... 유주야... 한국이라니... 한국이라니이!!!ㅋㅋㅋ

아쉬움을 뒤로한채 이젠 다시 숙소로...

"안녕~"

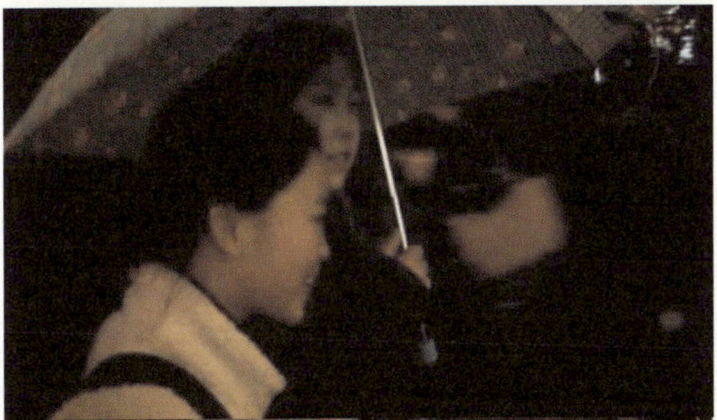

숙소로
돌아가는길...

얘들아!
어땠어??

짱...!

(서내쌤은 이맛에 산답니다 >#<)

다시 숙소로 돌아가며 아이들과 함께 웃음꽃이 피었답니다!

(사진이 없는게...슬품ㅠ)

탭댄스 수업도 멋진 레고랜드도 아름다운 야경도
아참! 중간에 간식으로 먹은 육포도 모두 너무 즐거운 시간들 ㅎㅎㅎ

디즈니랜드에서 구매한 선물들과 M&M's 에서 구매한 선물들

양손 가득 든 선물들 만큼 웃음이 가득했던 하루가 끝이... 안나!!!

탭댄스 수업 수고한 우리에게 주는 특별한 선물!!
서내쌤의 야식 타임~~
달콤한 프렌치토스트

그리고
서내쌤이 막내라인을 위해
특별히 준비한 달콤한 라면!!!

간장+굴소스의 만남으로
안맵고 맛난라면 탄생!!

막내라인의 웃음소리가
끊이지 않았답니다~

식신 형진이도 인정하는
서내쌤의 라면맛!!!

수업부터 야경
그리고 야식까지

상하이를 다녀온 탈렌탭의 TIP!!!
1. 라면을 다 챙겨가기보단 수프만 챙겨가기
2. 튜브형 고추장… 생각보다 안쓰인다!
3. 설탕, 소금 등의 조미료는 중국이 더 저렴하다!

오늘 탭댄스 수업도! 관광도!! 야식도!!!

짱  짱  짱 

『 넷째날 사진첩 』

상하이는 그 무엇보다 야경이 아름다웠다.

제9화_행복한 기억들만 가져가요

다섯째날 [여행의 아쉬움] 2020년 1월 11일

마지막 날 무거워진 캐리어를 끌고 이동해볼까
오늘도 지하철을 타고 열심히 이동하는 우리들

첫 번째로 가볼 곳은 '윤봉길의사 기념관' 이다.

해가 뜨는 시간에
우리들은
열심히
윤봉길의사를
만나러 간다.

거의 운동선수
같은 모습ㅋㅋㅋ

가는길에 만난 문닫은 놀이공원에서 한 장 찍고

중국의 전통적인 풍경을
보는 것 같은 이 느낌!!
공원에서 기체조(?)를 하는
사람들도 보고

열심히 걸어서
윤봉길의사기념관을
향해 가본다

아침 일찍부터
준비하고 이동해서

1등으로 윤봉길의사기념관에 도착해서 여유로운 시간을 가졌다.
티켓을 구매하고 들어가는 우리들
모두 들어왔나요~ 네네 선생님~~

그럼 다 들어왔으니!!! 윤봉길의사기념관 꼬꼬!!!

열심히 공부도 하고한글과 중국어로
적혀있어서 다들 한번 씩 읽어보고~
특히 과거에 쓰였던 폭탄들을 보고
유주와 수림이는 더 감동을 받았다.

오전 일찍가니 사람도 없고
더욱 차분히 볼 수 있었다!

자료를 찾으며 공부하고 직접와서 느낀점은?

책에서는 없었던 사실을 직접 와보니 알 수 있었다.
모르는걸 알게 되서 재밌었고요.
아들한테 쓴 편지가 기억에 남았어요.
되게 감동적이었거든요... 책에서는 윤봉길의사가 엄마한테 쓴 편지만 있었는데 기념관에 가니까 윤봉길의사가 아들한테 쓴 편지가 있어서 신기하고... 편지에 엄마한테는 나라를 지키기 위해 자신을 희생하겠다고 해놓고 아들한테는 다시 만나는 날에는 따뜻한 포옹으로 만나자고... 너는 아빠가 없는게 아니라고... 그 말이 너무 슬펐어요.
그리고 총 맞은 사진을 봤는데 그게 너무 기억에 남았어요.
슬프고 가슴 아파서...

수림이의 빼곡한 공책을 보니 한번더 대견한 마음ㅎ
정리해온 자료로 열심히 발표하는 시호

윤봉길의사 기념관을 다 보고 다음장소로 이동!

마지막까지 열일해주는
교통카드 담당 범진이

다음으로 도착한 곳은 상하이 대한민국임시정부!

실내는 역사를 지키느라 촬영이.....불가했지만!
우리는 준비한 많은 자료들을 발표했다!

열심히 공부하고나니

정말... 입이 떡 벌어지는 곳이었다.

임시정부 내부는 촬영이 불가능해서 밖에서만 촬영을 했다

형진이는
대한민국임시정부에서
크게 배운게 있는데...
바로 바로 바로
꿈이 새로 생겼다는 것이었다!!!

서내쌤이 항상 그랬잖아요.
21세기 김구를 꿈꾸는 사람이라고,
저도 그래보려구요. 21세기 김구를 꿈꾸는 송형진 어때요?
멋지지 않아요??

공항으로 가기 전 마지막 식사도 하고
이름을 모르겠는 중국의 음료와 면 요리

비하인드 스토리
원래는 유명한 맛집에
가려고 하였으나
오픈시간이 40분 뒤였다.
그래서 갑작스럽게 주변을 둘러보다
결정한 새로운 음식점에서 새로운 음식을 시켰다.

잘 모르는 말
잘 모르는 맛
잘 모르는 곳

하지만

신기하고
즐거웠다.

공항으로 가는 길 이젠 상하이도 안녕이구나!!

드디어
공항
도착!!!

서로서로 도와 주면서 열심히 카트를 아주 열심히 끌며 들어갔다!

드디어!!!
공항에 들어옴!

조금씩
부모님의 품으로
돌아 가는
길이다.

이젠 정말
마지막으로
타보는 비행기

상하이에서
대한민국으로

즐거움가득한 여행을 뒤로하고 비행기에 오릅니다.

이제
곧 만나요

비행기
이륙~~

『 다섯째날 사진집 』

제10화_기다렸죠? 다녀왔습니다.

비행기 착륙 ㅋㅋㅋ

ㅋㅋㅋㅋㅋㅋ
ㅋㅋㅋㅋㅋㅋ
ㅋㅋㅋㅋㅋㅋ
ㅋㅋㅋㅋㅋㅋ
ㅋㅋㅋㅋㅋㅋ
ㅋㅋㅋㅋㅋㅋ
ㅋㅋㅋㅋㅋㅋ

ㅋㅋㅋㅋㅋㅋㅋㅋㅋㅋㅋㅋㅋㅋㅋ
ㅋㅋㅋㅋㅋㅋㅋㅋㅋㅋㅋㅋㅋㅋㅋ
비행기 탄 직후 -> 비행기 내리기 직전
ㅋㅋㅋㅋㅋㅋㅋㅋㅋㅋㅋㅋㅋㅋㅋㅋㅋㅋ
ㅋㅋㅋㅋㅋㅋㅋㅋㅋㅋㅋㅋㅋㅋㅋㅋㅋㅋ
드디어 한국 도착!!!

ㅋㅋㅋㅋㅋ

ㅋㅋㅋㅋㅋ
ㅋㅋㅋㅋㅋ
ㅋㅋㅋㅋㅋ
ㅋㅋㅋㅋㅋ
ㅋㅋㅋㅋㅋ
ㅋㅋㅋㅋㅋ

한국에 오니 무언가 아쉬움이 남고

발걸음이
느~으~려~어~지~이~고~오~

한국땅을 밟았다아~마지으로입국심사까지 완료하니...!!

열심히 짐을 끌고 대한민국 입국 완료!!!

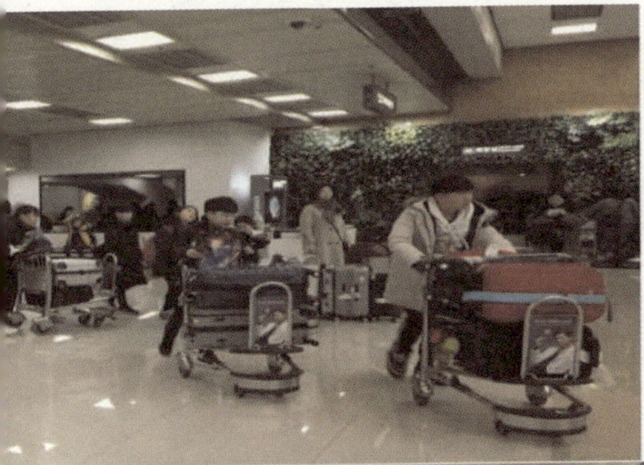

우리를 반겨주시는 부모님들 ㅎㅎ

보고싶었던 부모님의 품에 쏙 안겨보고
"잘 도착했다"
"모두 고생했다"
서로가 서로에게 격려의 박수를 보냈습니다! ㅎㅎㅎ

입국
Arrivals

입국
Arrivals

입국
Arrivals

—여행, 그 후

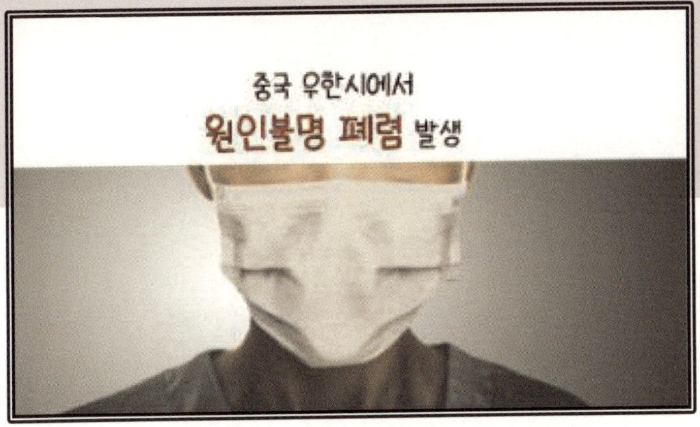

2020년 1월 8일자 신문에

"원인불명 폐렴" 환자가
발생했다고 보도되었다.

이 '원인불명의 폐렴'이 '코로나19'가 되기 전... 우리는 중국 상하이로 갔다.
이 사실을 모른채...그리고 그 폐렴은 그저 '우한폐렴'이라고 했다.

우리가 입국한 2020년 1월 12일부터 우리는 자가격리 하고,
몸 상태를 점검하였다.

점점 늘어나는 코로나19 감염자 수가
점점 늘어나는 우리들의 걱정수치와 같았다.
입국할 때 몸이 안 좋던 주연이는 시간이 지날수록 건강을 회복했다.

형진, 범진, 시호는 이제 중학생이 되었다.

예쁘게 교복도 맞췄다.

그.런.데

코로나19로 인한
온라인 수업의 진행...
교복을 사놓고
입지 못하는 슬픈 현실이었다.

'고생했다. 뉴스보고 무서웠다 몸이 아파서...'

'놀랐다. 격리라는 말이 무슨말인지 찾아봤다.'

'학원에서 친구들을 만났는데 다들 날 피했다.'

'학원 선생님께서 "너 괜찮아?"라고 만날 때마다 물었다.'

'어색하다. 학교갈줄 알았는데...'

'난 괜찮은데 내 주변이 안괜찮았다. 난 진짜 괜찮은데?'

이 여행을 마치고

☆★★★★ (9세 신__)
힘들기도하고 재밌기도 했어요

☆★★★★ (10세 김__)
너무 많이 걸어서 힘들었고, 트론에서 유주가 울어서 웃겼어요

☆★★★★ (14세 송__)
중국의 문화들을 경험할 수 있어 좋았는데 동생들 챙기느라 조금 억울할때도 있었어요. 지하철 놓친건 아직도 기억에 남고 숙소가 너무 후져서 짜증났고 사람들이 너무 무례해서 짜증났고, 우리가 다들 코로나 안걸리고 건강해서 다행입니다.

☆★★★★ (13세 민__)
저희끼리 다같이 가는 여행이라 떨렸는데 힘들기도 했는데 그래서 더 기억에 남고 애들이랑 친해져서 좋았어요.

☆★★★★ (12세 신__)
하루에 3만보씩 걸어서 다리가 아파서 힘들었지만 재밌었어요.

☆★★★★ (12세 송__)
도착해서 처음에 걷다가 계속 걷다가... 도착했는데 딱 숙소 보고 와 망했다. 하다가 동방명주갔는데 너무 웃겼어요.

☆★★★★ (12세 이__)
디즈니랜드는 진짜 재밌었는데 지하철이 좀 많이 힘들었어요. 사람이 많아서

마지막으로 서내쌤의 한 마디

우선, 절 이렇게 키워주신 부모님께 감사합니다.
스스로를 넘어 후배들, 동생들, 제자들을 위해 살 수 있도록 해주신 삶을 감사드리고, 무사히 여행을 다녀온 것에 대해 감사의 기도를 드립니다.

부족하고 모자라고 어린 선생님을 믿고 4박5일 여행이라는 어려운 선택을 해주신 학부모님들께 감사 인사를 드립니다. 비록 부족함이 많았지만 아이들과 함께할 수 있는 시간 주셔서 감사드립니다.
무엇이든 함께 해주시려고 해주시는 학부모님들의 마음이 제게 와닿아 전 아이들에게 무엇이든 함께해주려 노력하겠습니다.

아이들이 언제나 더욱 성장하고, 경험할 수 있도록 곁에서 옆에서 항상 도울 수 있는 언니이자 누나이자 선생님 같은 존재가 될 수 있도록 최선을 다하겠습니다.

누군가에게 도움이 될 수 있다면 언제나 먼저 도움을 주고
누군가가 필요로 한다면 한달음에 달려가 행동을 취할 수 있는 사람이 되고, 그 모습이 저를 통하여 아이들에게 아이들을 통해서 또 새로운 누군가가 희망을 갖게될 수 있도록 하겠습니다.

부족한 중국어로 대화했지만 수업까지 진행할 수 있도록 해주신 중국의 탭댄서 분들, 숙소를 더 좋게 옮겨주신 집주인분, 디즈니랜드에서 즐거운 대화를 만들어준 홍콩분들, 지하철에서 우리에게 질문해주신 중국인분, 한국에서 여행간 동안 항상 기도해주신 분들께 감사드립니다.

더 발전할 수 있도록 항상 노력하는 삶을 살겠습니다.
사랑합니다!